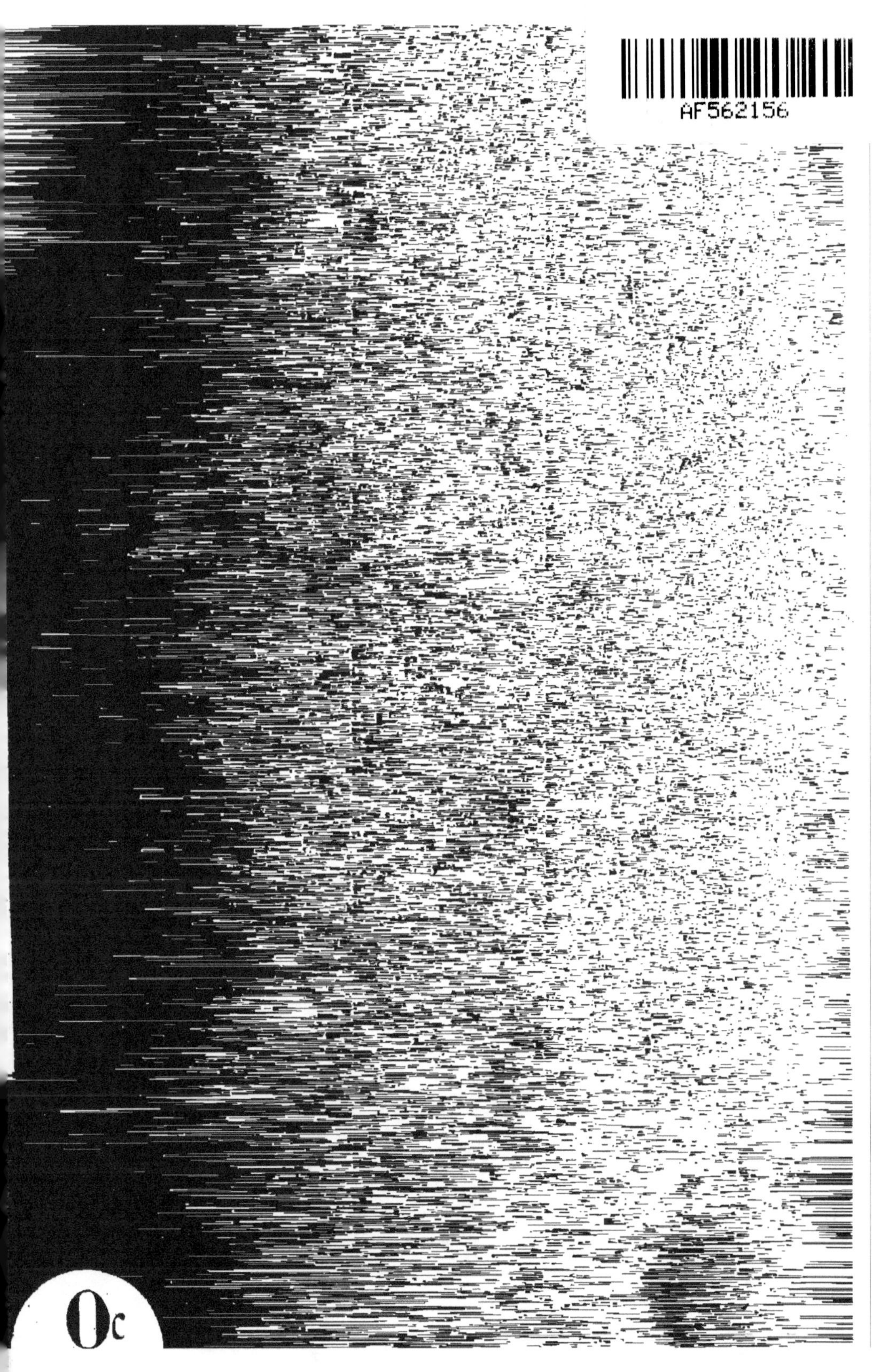

ÉCLAIRCISSEMENTS

SUR

MA MISSION EN ALLEMAGNE.

PARIS. — IMPRIMERIE D'AMÉDÉE GRATIOT ET Cie, RUE DE LA MONNAIE, 11.

ÉCLAIRCISSEMENTS

SUR

MA MISSION EN ALLEMAGNE

AUPRÈS

Des Cours de Berlin et de Vienne

(Séances des Cortès des 26, 27 et 28 octobre 1839)

PAR M. MARLIANI.

PARIS

ROUSSEAU, LIBRA[IRE]

RUE RICHELIEU, 103.

1839

Quand le compte-rendu des séances des Cortès espagnoles, sur ma mission en Allemagne, parvint à Paris, la bienveillance de la presse française ne m'a pas manqué. Elle n'a pas hésité à protester d'avance contre les assertions qui ne tendaient à rien moins qu'à me faire passer pour l'agent d'une camarilla, rôle odieux, dont je repousse la flétrissure avec indignation. Les écrivains politiques qui ont bien voulu prendre ma défense me connaissaient; en m'accordant leur estime, ils ne se sont pas trompés. Je les prie d'accepter l'expression de ma sincère reconnaissance.

Je devais à mon pays d'abord, à mes amis, à la presse française, qui s'est pour ainsi dire portée garante de ma probité politique, à moi-même enfin, de répondre par des faits authentiques, à d'inqualifiables dénégations. Je remplis ce devoir sacré de l'honnête homme. Les ministres ont affirmé que je n'avais pas de mission officielle; c'est avec leurs propres dépêches que je réponds. En portant le débat devant le tribunal de l'opinion publique, j'ai voulu que la réparation fût aussi solennelle que l'offense, car la conduite du ministère espagnol est un fait sans exemple dans les fastes parlementaires.

Ma première pensée fut d'adresser au président des Cortès une simple lettre avec les dépêches ministérielles; mais comme le cabinet actuel n'a pu gouverner ni avec des Cortès dont la majorité lui était acquise, ni avec des Cortès où il ne comptait pas six voix, il a eu de nouveau recours à la dissolution, usant sans doute d'un droit légal, mais violant aussi les règles les plus vulgaires du système représentatif.

Du moment où il n'y a plus eu de tribune parlementaire en Espagne, j'ai dû m'adresser à la nation entière. Je viens de faire publier à Madrid les éclaircissements que je donne aujourd'hui en français; l'estime des nombreux amis que j'ai le bonheur de compter hors de mon pays ne m'est pas moins nécessaire que celle de mes compatriotes. J'avais hâte que la vérité fût connue, et aussi de répondre à toutes les accusations banales dont j'ai été l'objet, entre autres de la part d'un journal de Bordeaux, qui rattachait ma mission à je ne sais quelle niaise combinaison absolutiste: une pareille invention ne m'a pas semblé mériter les honneurs d'un démenti direct. Ce démenti, je le donne formellement aujourd'hui que l'occasion s'en présente.

Dans les circonstances difficiles où se trouve l'Espagne, j'ai cru qu'il fallait avoir le courage de penser tout haut. Ce n'est pas habile, je le sais; mais c'est moral, et cela me suffit. D'ailleurs, la devise de l'homme de cœur est: « Fais ce que dois, advienne que pourra; » c'est la mienne.

ÉCLAIRCISSEMENTS

SUR

MA MISSION EN ALLEMAGNE

AUPRÈS

Des Cours de Berlin et de Vienne.

(SÉANCES DES CORTÈS DES 26, 27 ET 28 OCTOBRE 1839).

« Fais ce que dois, advienne que pourra. »

Les séances des 26, 27 et 28 octobre dernier feront époque dans les annales des Cortès espagnoles, formées en jury pour prononcer un verdict d'acquittement ou de condamnation sur les actes des conseillers responsables de la couronne. L'examen des grandes questions administratives, provoquées d'ordinaire par la discussion de l'adresse, est suspendu pour faire place à un incident qui, pendant trois jours, occupe presque exclusivement l'attention du congrès national. Bien plus, le mérite intrinsèque ou relatif de cet incident, au lieu d'être l'objet d'une discussion sérieuse, se transforme en une question de personnes, et provoque une lutte passionnée qui, dans aucun cas, ne pouvait avoir un résultat de grand intérêt pour le bonheur de l'Espagne. Une seule

1*

parole suffisait pour apaiser l'orage : le ministère s'est obstiné à ne pas la faire entendre, préférant livrer la réputation d'hommes honorables aux atteintes du blâme et des sarcasmes.

Je ne me plains pas ; je m'étonne moins encore de l'usage que l'on a fait de la liberté de discussion : c'est le droit des députés. Servir la patrie et remplir avec courage le mandat qu'ils en ont reçu, tel est le devoir de loyaux représentants de la nation ; leur obligation la plus stricte consiste à surveiller les actes du pouvoir, à les examiner, à distribuer la censure ou l'approbation, sans autres juges que Dieu et leurs commettants. J'aime trop la liberté pour ne pas la vouloir même avec ses excès, à plus forte raison lorsqu'il s'agit de l'exercice légal qu'en ont fait des députés éminents que je vénère, que j'ai toujours admirés comme le type des vertus civiques, et dont j'ai sans cesse sous les yeux les exemples de constance et de patriotisme comme devant servir de modèle à tout bon Espagnol. Les liens d'une amitié bien précieuse pour moi, ceux de la plus vive reconnaissance pour la confiance dont il m'a honoré, m'unissent d'ailleurs étroitement avec l'un de ces deux illustres patriotes.

Ceux qui me liront s'expliqueront facilement combien il m'est pénible d'attaquer les discours prononcés par MM. Calatrava et Arguelles dans les séances des 26, 27 et 28 octobre dernier, au sujet de la mission dont M. Zéa Bermudez et moi nous avons été chargés. Je prie ces deux grands citoyens de bien se persuader que le sentiment qui me porte à agir ainsi, n'est autre que le vif désir de dissiper les inquiétudes du public sur le fait qu'ils ont cru devoir condamner. Leur estime tout entière, celle de mes concitoyens, constitue pour moi un bien inappréciable auquel je ne saurais renoncer; l'existence d'un homme politique doit être irréprochable, même dans la vie privée. C'est l'exemple que m'ont donné ces infatigables athlètes de la liberté, dont je me prépare pourtant à combattre l'opinion dans cette circonstance. J'invoque leur indulgence; ma seule ambition est de me montrer digne de suivre leurs traces dans la carrière où ils ont tant honoré le nom espagnol.

Aux époques de profondes agitations politiques, on ne saurait espérer que les questions qui ont un contact quelconque avec les passions du jour, soient envisagées de sang-froid et d'une manière impartiale. On éprouve de tels mécomptes, les défections les plus inopinées, et les apostasies les plus scandaleuses se reproduisent si fréquemment, qu'on finit par croire que la vertu n'est qu'un vain mot, la morale un masque de circonstance. Qui oserait se plaindre, dans un temps où l'opinion est tellement tiraillée, de l'injustice momentanée qui peut l'atteindre? Je n'ai certainement pas cette prétention, car je n'ai pour moi encore qu'un petit nombre de services rendus à mon pays. Une vie pure, exempte de toute erreur volontaire, de toute faute préméditée, n'a pas suffi à me mettre à l'abri des traits de la calomnie; en dépit de ma modeste existence, on m'a souvent calomnié; j'ai rarement répondu, jamais de mon propre mouvement.

Aujourd'hui la position est différente. Rien de supérieur, à mon avis, au congrès national, dans lequel je reconnais la personnification du pays, et l'origine de toutes choses dans une société d'hommes libres. Ma justification est donc un hommage que je rends à son omnipotence; c'est aussi l'exercice du plus incontestable de tous les droits, celui de défense personnelle.

Ma mission en Allemagne, entreprise par ordre du gouvernement, transmise par la voie légale et constitutionnelle, a suscité trois jours d'une discussion animée, qui a offert le spectacle d'une double anomalie. Le ministère s'est défendu, comme d'un crime, d'avoir pris part à cette mission, après avoir comblé d'éloges ceux qui l'ont remplie, et l'opposition l'a blamée, sans avoir sous les yeux un seul document officiel.

Pour moi qui ne répudie pas cette négociation, et qui, loin de là, regarde comme un honneur qu'elle m'ait été confiée, je vais opposer, aux démentis du gouvernement, ses propres dépêches, et j'espère répondre victorieusement aux accusations des députés. Chacun comprendra que ma position n'est pas ordinaire. Il me faut user d'une grande réserve, je ne puis dire tout ce que je sais, et je manque de la liberté nécessaire; toutefois, et sans trahir le secret inséparable d'une mission de ce genre, je me flatte de remplir le double but que je me propose. Je commence par le gouvernement :

Destitué en octobre 1838 des fonctions de consul de S. M. à Paris, que je n'avais pas même indirectement sollicitées lorsqu'elles me furent conférées, je n'aurais jamais pu m'imaginer que le ministre même qui venait de signer ma révocation, songerait presque aussitôt à moi pour une mission de la confiance la plus illimitée. Je reçus à Paris, le 7 décembre, la dépêche suivante de Son Excellence le duc de Frias, président du conseil, et ministre des affaires étrangères.

Présidence du conseil des ministres.

S. M. la reine régente m'ordonne de vous faire savoir, de son ordre royal, que vous ayez à remettre les dépêches ci-incluses concernant son service royal, au seigneur don Francisco Zéa Bermudez, en quelque lieu qu'il se trouve. En même temps c'est la volonté de Sa Majesté que vous vous placiez sous les ordres dudit seigneur don Francisco Zéa Bermudez, afin de vous employer à la mission que Sa Majesté lui a confiée.

Que Dieu garde Votre Seigneurie pendant de longues années.

Madrid, 1er décembre 1838.

Signé. Le duc de Frias.

Au seigneur don Manuel de Marliani.

Il résultera au moins de ce rapprochement, l'impossibilité matérielle pour moi, de solliciter une faveur dont m'honorait spontanément un ministre qui m'avait été si hostile.

Il s'agissait d'abandonner ma famille, de laisser mes affaires en souffrance, et d'entreprendre un pénible voyage dans les contrées septentrionales à l'époque la plus rigoureuse de la saison d'hiver, par conséquent de faire un grand sacrifice à mes habitudes, à mes intérêts. Mais je n'ai jamais hésité lorsque l'occasion s'est présentée de servir ma patrie, tant que mes forces y ont suffi. Je ne me dissimulais cependant pas que j'allais contracter un engagement bien grave en m'unissant avec M. Zéa Bermudez, chargé principalement de cette mission; je compris que le choix de cet ancien ministre donnerait lieu à de sérieuses récriminations, lorsque l'objet de notre voyage serait connu du public. Dans ma correspondance, j'exprimai mes inquiétudes à la personne qui pouvait me tranquilliser, craignant d'être calomnié, si je me prêtais à une association qu'on interpréterait d'une manière fâcheuse. Il me fut répondu : « Que « personne ne songerait à me calomnier, puisque j'avais « été choisi comme une garantie pour le parti libéral, « et comme le fidèle défenseur des institutions natio- « nales, incapable de souffrir qu'il fût porté la plus lé- « gère atteinte à leur intégrité. » Je crus devoir insister.

« Calomnié ou non, me répondit-on enfin, vous devez « marcher. » Et moi, prévoyant le sort qui m'attendait, mais aussi bien sûr de la bonté de mes intentions, je partis pour l'Allemagne.

Je n'avais pas l'honneur de connaître M. Zéa Bermudez; bien loin d'avoir eu, soit directement, soit indirectement, la moindre relation avec lui, j'avais combattu son système à la face de tous et par écrit. Mais je ne pouvais ignorer que c'était l'homme le plus compromis de l'Espagne vis-à-vis de Don Carlos; que, pendant ses deux ministères, et lorsqu'il fallait un courage peu commun pour agir de la sorte, il avait combattu à outrance la faction apostolique. Or, le moindre incident qui eût amené, même momentanément, le triomphe de ce parti sanguinaire, eût fait rouler la tête de M. Zéa sur l'échafaud. Jamais je n'avais entendu prononcer son nom, sans que ses adversaires politiques ne rendissent justice à son éclatante probité. Ces précédents devaient me suffire; je m'associai à sa mission.

Je dois avouer qu'au nombre des sujets d'amertume qu'il me fut donné de pressentir, jamais il ne me vint à l'idée qu'un jour le gouvernement, mettant en oubli son propre honneur, abandonnerait ses agents, et nierait « *d'une façon absolue et positive* » une mission officielle, dénonçant ainsi, à la face de l'Europe, et comme l'a fort bien dit M. Caballero, dans la séance du 27, les agents qui l'ont accomplie, « comme des aventuriers et comme « des émissaires de quelque gouvernement occulte. » Est-ce moi qui ai sollicité cette mission? et si, dans l'effusion d'un patriotisme confiant, j'ai pu l'accepter d'un ministre responsable; M. Evaristo Perez de Castro ne m'a-t-il pas, lui aussi, donné deux fois, comme ministre responsable, les témoignages de sa satisfaction, pour la manière dont je l'accomplissais [1] ? Quel but a donc eu ce ministre en niant l'existence de la mis-

[1] J'ai reçu en son temps l'intéressante dépêche de Votre Seigneurie en date du 20 du mois dernier, à laquelle mes nombreuses et continuelles occupations, ainsi que le mauvais état de ma santé, m'ont empêché jusqu'ici de répondre.

Comme touchant l'importante affaire dont V. S. m'entretient, j'ai reçu directement diverses communications du marquis de Miraflores et de M. Zéa, dont je ne doute pas que vous connaissiez le contenu, et comme d'un autre côté vous ne pouvez ignorer l'état actuel des choses, je crois inutile d'entrer dans le fond de cette question.

Je me contenterai donc de remercier V. S. pour son intéressante communication, et de lui affirmer que l'auguste reine régente, ainsi que le gouvernement de Sa Majesté, sont entièrement satisfaits de la conduite observée par V. S., dans la très importante mission qui lui a été confiée, ainsi qu'à M. Zéa ; Sa Majesté ne doute pas que vous continuerez avec le même zèle et la même loyauté que jusqu'à présent, soit dans cette même commission, si l'on jugeait que vos services y soient encore nécessaires, soit dans toute autre mission que la reine régente croirait devoir vous confier à l'avenir.

Par ce motif, etc.

Signé. Evaristo Perez de Castro.

Madrid, 18 mai 1839.

Ministère des affaires étrangères.

L'auguste reine régente est très satisfaite des services rendus par Votre Seigneurie, auprès de don Francisco de Zéa Bermudez, dans la mission réservée qui a été confiée à tous deux près des cours de Berlin et de Vienne, pendant laquelle V. S. a donné des preuves constantes de son zèle et de son activité. Mais cette mission circonscrite à l'Allemagne, doit être, au moins quant à présent, considérée comme terminée : en conséquence, Sa Majesté ne regarde plus comme nécessaire ou opportune votre coopération auprès de M. Zéa. Sa Majesté a donc bien voulu m'ordonner de vous faire savoir que votre mission a cessé du moment de votre retour à Paris, et Sa Majesté m'ordonne aussi d'assurer à V. S. qu'elle tiendra très en considération vos mérites, votre constante adhésion au trône légitime de son auguste fille, et votre capacité bien reconnue, afin de vous employer à la première occasion qui se présentera pour l'utilité du service public.

D'ordre royal je communique ce qui précède à V. S pour son intelligence et sa satisfaction.

Que Dieu garde Votre Seigneurie pendant de longues années.

Madrid, 29 mai 1839.

Evaristo Perez de Castro.

Don Manuel Marliani.
Paris.

sion? Pourquoi rougir de décerner publiquement à ses agents les éloges qu'on leur a déjà donnés officiellement? Il est étrange, en vérité, que S. E. ait oublié que c'est le devoir d'un ministre de défendre ses subordonnés, lorsqu'ils ont exécuté loyalement les ordres qui leur sont confiés. Placés en présence du jury national, les ministres se trouvent investis du caractère auguste de défenseurs d'office de leurs agents; et rien de plus facile que cette tâche en cette circonstance, car ils pouvaient repousser victorieusement chacune des accusations. Si S. E. a supposé que je me tairais, c'est une lourde erreur dans laquelle est tombé celui qui a pu lui donner une semblable idée de mon caractère : abandonné à des accusations imméritées, je ne suis pas homme à les supporter en silence. S. E. a réclamé pour elle l'estime de ses concitoyens ; qu'il me soit permis de l'invoquer à mon tour aussi hautement, et de ne pas laisser la malveillance accréditer plus longtemps le bruit que je suis capable d'accepter une mission de camarilla. Entre les assertions du ministre et les documents officiels que je présente, l'opinion publique se prononcera : elle décidera sans peine de quel côté se trouvent la vérité et la délicatesse. Quoi qu'en ait dit M. Perez de Castro, dans la séance du 28, je n'ai pas pour habitude d'avancer « ce qui me plaît ; » je ne dis jamais que ce qui est exact, et je renvoie, sans aucun embarras, ce reproche à M. le ministre des affaires étrangères, lui qui a usé et abusé, dans ses discours sur la mission d'Allemagne, du droit de dire ce que bon lui a semblé?

Mais en niant l'existence légale de la mission, les ministres ont-ils bien calculé le coup mortel qu'ils portaient à la confiance sans bornes que l'on doit avoir dans les paroles du pouvoir exécutif, quand il s'adresse aux Cortès? Ignoraient-ils que, sans cette confiance, il n'y a pas de gouvernement représentatif possible? Qui pourra désormais croire aux assertions des ministres, après l'exemple fatal donné par M. Evaristo Perez de Castro, reniant ce qu'il a signé de sa main. Pour moi, je ne me suis pas encore expliqué la conduite de Son Excellence, car elle dément toute une longue existence de probité politique. Il m'est douloureux de relever publiquement cette erreur, mais le ministre des affaires étrangères comprendra que je ne saurais me taire, lorsque la même personne dont je recevais les éloges en secret, s'est si peu préoccupée de me défendre en public.

Si l'obstination du ministère à nier l'existence officielle de la mission, après l'avoir approuvée et louée, est une insulte à la morale publique, sa conduite devient inexplicable si on réfléchit à la manière dont il a provoqué cette discussion.

Le gouvernement voulait-il par des motifs de convenance publique garder le secret de cette mission? Pourquoi alors faire un appel à la juste curiosité des Cortès, en insérant dans le discours de la couronne un paragraphe qui y faisait allusion? S'il n'eût pas été question de cette affaire dans ce document ministériel, le gouvernement conservait le droit de se refuser à répondre aux interpellations qui auraient pu lui être adressées. Mais à la lecture de ce paragraphe, tout le monde a dû supposer, et moi le premier, que le gouvernement se proposait de donner aux Cortès les explications que permettait le caractère secret de cette mission. J'avoue qu'en ce qui me concerne, je crus pouvoir interpréter ainsi le passage du discours de la couronne qui traite des rapprochements possibles avec les puissances du Nord; je m'imaginai un moment que le ministère songeait à présenter avec orgueil les résultats de notre mission. Il le pouvait sans manquer à la modestie ; des services réels lui avaient été rendus, non par des agents du gouvernement, dont tout le mérite a consisté dans un dévouement sans bornes, mais par une puissance amie. Son devoir était de le signaler à la reconnaissance publique. Loin de là, ce ministère a préféré nier la mission plutôt que de l'avouer, taire une assistance généreuse, plutôt que de proclamer sa gratitude : sentiments déloyaux qui répondent mal à ce qu'auraient dû lui inspirer la haute considération due à une noble et généreuse intervention, et la justice envers ses agents.

L'existence légale de la commission étant démontrée, et la preuve qu'elle a été constitutionnellement sanctionnée par les ministres actuels m'étant acquise, je me tairai, quant à présent, sur le mérite de la pensée qui a donné naissance à cette mission et sur le bien qu'elle a pu produire. A mon avis, cependant, toute la question était là, et c'était la seule qui méritait d'occuper des hommes politiques. Mais il est trop embarrassant de parler de soi. Les ennemis que nous avons été combattre dans le nord de l'Europe savent quelle influence notre voyage en Allemagne a exercée sur leurs destinées, et ils en ont dit plus que je ne le saurais faire.

Je passe au discours du député M. Arguelles.

S. S., avec le talent d'élocution qui l'a rendu si célèbre en Espagne et à l'étranger, a blâmé vivement la mission d'Allemagne ; il a trouvé : « Que le ridicule est ce qui domine dans cette négociation. »

L'expression est quelque peu dure. Je demanderai à S. S. la permission de regarder le ridicule comme impossible, lorsqu'il s'agit de servir son pays : en tous cas le fond sauverait la forme, si l'intention de ceux qui accomplissent ce devoir est patriotique. La censure de M. Arguelles est une preuve de plus que les hommes les plus éminents peuvent aussi se tromper, et qu'il est toujours très hasardeux de blâmer ce dont on n'a qu'une connaissance imparfaite, surtout dans une question de la nature de celle qui nous occupe. Dans les pays constitutionnels, lorsque les députés de la nation veulent prendre connaissance d'une question de politique extérieure, il existe une pratique constante, celle de demander au gouvernement communication des pièces qui se rapportent à l'affaire en discussion. Le ministère, seul juge compétent de l'opportunité, y consent s'il n'entrevoit aucun danger pour le pays, ou bien, dans le cas contraire, use de son droit en le refusant. Dans la dernière hypothèse, toute discussion cesse. Il n'est pas possible, en effet, d'apprécier les actes d'un gouvernement sur des bruits vagues, sur des nouvelles de journaux; il faut des documents officiels; et ceux-ci venant à manquer, les pièces de conviction manquent également. Voilà, ce me semble, quelle était la marche naturelle que l'on avait à suivre.

Si le ministère espagnol, reconnaissant que le dépôt de la correspondance relative à cette mission n'avait point d'inconvénients graves, se fût décidé à la transmettre aux Cortès, je puis répondre à l'honorable député, qu'il n'aurait rien trouvé de *ridicule* dans les démarches faites en Allemagne: je suis persuadé, tout au contraire, qu'il eût trouvé à la nature de cette mission, aux actes qui s'en sont suivis, le caractère le plus solennel de gravité et toutes les conditions désirables d'utilité. Il suffisait, ce me semble, que le gouvernement le plus circonspect, le plus jaloux de sa dignité, eût pris une part officielle dans cette négociation, pour épargner aux agents espagnols une qualification qu'ils sont bien loin de mériter. M. Arguelles disait naguère, qu'un jour viendrait où il demanderait que le nom de l'illustre et sage évêque de Guadix, Muños Torrero, fût gravé sur une table de marbre dans l'enceinte des Cortès, afin d'honorer la mémoire de cet homme de bien : un jour viendra où je pourrai peut-être, à mon tour, demander la publication des notes des 22 et 27 mars et du 6 avril, passées par le cabinet anglais à la Prusse, demandant la reconnaissance de S. M. la reine, afin que chaque Espagnol sache quelle a été la noble conduite des dignes ministres de la Grande-Bretagne qui ont autorisé et signé ces notes. Je ne saurais en dire plus quant à présent, mais cela suffira pour démontrer à l'honorable député de Madrid que ce n'est pas le *ridicule* qui domine dans cette mission, et à quel point est inexact le jugement qu'il en a porté.

M. Arguelles a cité divers documents sur les droits de S. M. au trône d'Espagne, documents qui remontent à une époque antérieure à celle de la mission. Il a conclu de là que si ces renseignements n'avaient pas réussi à éclairer l'esprit des souverains du Nord, sur la légitimité de notre auguste reine, de nouvelles explications devenaient inutiles.

Comment S. S. sait-elle si ces monarques ont lu les documents dont il a parlé, et s'ils en soupçonnent seulement l'existence? L'honorable député peut-il ignorer combien nous sommes tous enclins à fermer les yeux sur ce qui contrarie nos sentiments, et à faire peu de cas de ce qui choque nos opinions? Si cela est vrai pour de simples particuliers, à plus forte raison cela est-il applicable aux princes, qui ne voient jamais les choses comme les autres hommes, même dans les pays où la vérité devrait parvenir jusqu'au trône? Il n'est que trop vrai que les passions finissent par obscurcir les vérités les plus claires; les guerres les plus acharnées ont été presque toujours entreprises en violation des droits les plus certains. Bornons-nous à notre histoire contemporaine. L'agression de Napoléon, l'invasion liberticide de 1823, ont-elles eu une autre origine que le mépris des droits les plus évidents de la nation espagnole?

Depuis la mort de Ferdinand VII, les souverains du Nord n'ont eu d'autre politique envers l'Espagne que celle de méconnaître les droits sacrés de la reine et de la nation. Don Carlos leur convenait comme représentant du pouvoir absolu, et ils lui ont créé une légitimité à leur usage; dès lors, ils ont écarté tout ce qui était de nature à leur prouver l'erreur volontaire dans laquelle ils tombaient. Mais rien n'est éternel dans ce monde, et les choses qui, pendant de longues années, paraissent impossibles, finissent, avec le temps, par se réaliser de la manière la plus heureuse. Les preuves de cette vérité se pressent en foule sous ma plume; cependant je veux me borner, en raison de son importance pour nous, à la convention de Vergara. Le 31 août dernier, ce grand acte de réconciliation nationale était devenu possible. Que M. Arguelles veuille bien me dire, si elle l'eût été un an, un mois, un jour peut-être avant cette date.

Ce qui est arrivé entre Espagnols pour la pacification de la patrie commune, a pu se représenter pour nos relations internationales. J'ai toujours pensé que la science de gouverneur résidait presque exclusivement dans l'art de faire les choses avec opportunité. Ceci admis, il reste à prouver l'opportunité de la mission d'Allemagne. Cette tâche me sera facile, car un seul fait me suffira;

c'est qu'elle a coïncidé avec la solution de la question belge, qui aurait pu causer une guerre continentale, sans l'attitude prise par l'Angleterre à cette époque. Il eût été difficile de choisir un moment plus favorable pour que la voix de notre fidèle alliée, s'élevant en faveur de l'Espagne constitutionnelle, fût écoutée avec autant de faveur des puissances du Nord, qu'au moment où elle venait de les sauver d'une conflagration générale, dont aucune intelligence humaine ne pouvait prévoir les conséquences.

Cette démarche ne mérite donc pas, ainsi que l'a dit M. Arguelles, « mépris et seulement mépris. » Paroles que je suis affligé d'avoir à rappeler ici, que je voudrais racheter à tout prix, parce que je redoute leur effet pour mon pays. Notre mission, au contraire, a été l'objet d'une haute considération; elle a donné lieu, entre personnages éminents, à des négociations qui méritent un autre nom que celui dont M. Arguelles s'est servi.

Arrivé à l'objet de ce voyage, c'est-à-dire à la reconnaissance de la légitimité de la reine Isabelle II, l'honorable député s'est écrié : « Que nous importe à nous « que ces puissances nous reconnaissent ou non ! » Il nous importe si bien, que M. Arguelles lui-même s'est chargé un moment après de le démontrer, lorsqu'il a prononcé les mots suivants :

« Le prétendant est réfugié chez une nation voisine, « et ce prince est un instrument dont peut se servir une « partie de l'Europe, pour essayer de nous imposer la « loi, et s'efforcer de nous arracher le triomphe que « nous avons obtenu. »

Il n'y a pas de réfutation plus complète de l'opinion de M. Arguelles que ses propres paroles : elles démontrent que la reconnaissance pure et simple de la légitimité de la reine Isabelle (et jamais on n'a demandé autre chose), effectuée par les puissances étrangères, le prétendant cesserait dès lors d'être un instrument dont peut se servir une partie de l'Europe contre nous. La reconnaissance d'un gouvernement par un autre, est un pacte de paix entre eux, et je crois que les Espagnols, avant tout, désirent ardemment la paix, affermie sur des bases solides. Les nations ont considéré de tous temps la reconnaissance de leur existence publique comme un fait de la plus haute importance : il leur donne une place dans la communauté des peuples ; la force de cet acte est telle, que l'histoire nous apprend combien il en coûte d'y adhérer, même dans les cas où il n'y a plus qu'un fait consommé à sanctionner.

L'Espagne soutint de longues guerres avant de reconnaître Alphonse VI comme roi de Portugal, et la seule difficulté pour conclure la paix consistait dans le mot *roi*, que l'on refusait d'admettre, les ministres d'alors consentant à signer la paix pourvu que ce fût de *gouvernement à gouvernement*. Ce refus obstiné de reconnaître le roi de Portugal nous devint funeste ; il nous mit dans l'impossibilité d'accourir avec toutes nos forces au secours des Pays-Bas envahis par Louis XIV en 1667, sous prétexte d'un droit imaginaire de dévolution, circonstance dont le roi de France tint compte avant de tenter cette entreprise.

La reconnaissance des États-Unis par la France, le 6 février 1777, sauva la révolution américaine, et donna une force invincible à l'acte d'indépendance de l'année précédente. A partir de ce moment, l'Amérique compta un allié, et bientôt deux, car la France et l'Espagne prirent part à la lutte. Cette dernière puissance offrit sa médiation en 1778, l'Autriche et la Russie proposèrent aussi la leur en 1781 ; l'Angleterre refusa, prétendant ne pouvoir reconnaître l'indépendance des États-Unis. Plus tard et à deux reprises les négociations de paix entre la France, l'Espagne et l'Angleterre furent rompues pour ce seul motif. Jusqu'en 1783, le cabinet anglais ne put se résigner à reconnaître un gouvernement qui de fait était complétement émancipé, après une lutte sanglante commencée le 19 avril 1775. Enfin le traité du 3 septembre la termina, et la reconnaissance de l'Amérique eut lieu par la Grande-Bretagne.

De nos jours, malgré 25 années d'indépendance, Haïti ne crut pas payer trop cher la reconnaissance de la France, par 150 millions de francs, en vertu du traité du 17 avril 1825.

Combien ne nous a pas coûté à nous-mêmes, la reconnaissance de nos anciennes colonies, et quel manque de prévision n'est-on pas en droit de nous reprocher à ce sujet? Jusqu'ici nous n'en avons reconnu qu'une seule : si l'on veut consulter le journal officiel des sessions des Cortès de 1836, on y trouvera consignés les douloureux regrets des députés, forcés de consentir à la séparation du Mexique et de la mère patrie. La reconnaissance de la Belgique par les puissances du Nord a demandé neuf ans de négociations et de protocoles; enfin celle de notre propre gouvernement par la Turquie, a été annoncée au pays, dans le discours du trône, comme un événement heureux.

La reconnaissance d'un gouvernement dissident, soit qu'il s'agisse d'une séparation violente, d'une simple divergence d'opinion ou d'un changement de dynastie, est donc un fait de la plus haute importance, dont il n'est pas possible de faire peu de cas, à moins de pouvoir adresser à ses adversaires le langage de Bonaparte lors du traité de Campo-Formio. Le rédacteur avait mis pour premier article : « L'empereur d'Allemagne reconnaît la République française. » — « Rayez cela, dit le vainqueur de l'Italie, la République française est comme le soleil : aveugle qui la nie. » Malheureusement, nous ne sommes pas dans la même situation que Bonaparte!

A l'exemple de l'honorable député de Madrid, M. Arguelles, je tiens compte de notre vaillante armée, comme du meilleur argument que nous puissions employer; mais ne croyant pas la pacification de l'Espagne complétement assurée, tant qu'il lui restera de puissantes inimitiés au dehors, j'appelle de tous mes vœux le jour où le gouvernement constitutionnel sera reconnu par tous les monarques de l'Europe. Réduire le parti carliste à la seule valeur qui est en lui, c'est le réduire à l'impuissance.

J'aime à penser que ces observations n'offenseront pas le digne député avec lequel je me trouve pour la première fois en désaccord. Si j'avais eu l'honneur d'être député, je les lui aurais soumises à la tribune, sans autre but que de tranquilliser les esprits sur une mission pendant laquelle, je puis l'affirmer à S. S., les institutions que s'est données l'Espagne n'ont pas souffert la plus légère atteinte, comme le donne à entendre le discours de l'honorable M. Arguelles. Je ne le cède à personne, toutes les fois qu'il est question de défendre les droits et la dignité de cette noble nation à laquelle je me glorifie d'appartenir : mes preuves sont faites, et puisque M. Evaristo Perez de Castro n'a pas eu le cœur de rendre justice aux agents qu'il a employés, je copierai deux paragraphes de notre correspondance pendant cette mission. Ils suffiront pour donner une idée de la conduite des délégués si vivement attaqués; à mon avis, si le ministre les eût fait connaître aux Cortès, toute discussion cessait; il demeurait prouvé d'une manière victorieuse qu'on n'avait pas mendié la reconnaissance de S. M. au prix de l'abandon des institutions constitutionnelles, avec lesquelles les droits de la reine sont indissolublement unis.

Il y a au ministère des affaires étrangères deux dépêches rédigées par moi, écrites de ma main, *et signées par M. Zéa Bermudez :* la première, en date de Berlin du 27 février, contient le passage suivant :

« Si, à Vienne, on abordait la question des institutions, « Votre Excellence peut être bien assurée que je saurai « défendre avec toute la fermeté de mon caractère « l'indépendance et la dignité de la nation unie à sa « souveraine, le régime intérieur du royaume et *ses institutions.* »

La seconde dépêche, à laquelle je fais allusion, est du 22 mars ; elle se réfère à la précédente, et dit :

« Je ne saurais aujourd'hui que vous répéter ma précé- « dente déclaration. Dans mon opinion, personne hors « d'Espagne n'a le droit de s'immiscer dans des affaires « purement espagnoles. La question du régime intérieur « et des institutions est une de celles qui, par leur essence « même, devient exclusivement nationale ; *on doit repousser toute influence étrangère à ce sujet, et ne pas admettre même de discussion possible sur ce point.* »

Ces sentiments prouvent jusqu'à l'évidence que ceux qui se sont ainsi dévoués à défendre les droits de la nation, n'ont pu souiller d'aucune tache le nom d'Espagnol. Des agents s'exprimant ainsi dans une correspondance secrète, lorsqu'ils ne pouvaient prévoir que la nécessité les obligerait à en donner connaissance au public, méritaient bien, ce me semble, que les ministres leur rendissent la justice à laquelle ils avaient droit.

J'arrive au discours de mon respectable ami, M. Calatrava. Avant tout, que S. S. veuille bien agréer l'hommage de mon éternelle reconnaissance pour les paroles flatteuses dont il a bien voulu m'honorer. Mieux que personne il sait combien je suis préoccupé du bonheur de ma patrie et du maintien de ses institutions; il a proportionné l'éloge plutôt à ma bonne volonté qu'aux services rendus : c'est ainsi seulement que je puis les accepter.

Suivant moi, S. S. s'est trop alarmée de quelques expressions mal sonnantes du mémoire sur la question successorale, à propos de la constitution de 1812, car je prie S. S. de vouloir bien faire attention qu'il n'est pas question de celle de 1837. Je croirais volontiers que mon respectable ami donne trop d'importance à quelques articles de journaux, qu'il a crus les interprètes de l'opinion publique en Europe. Je pourrais opposer à la critique des journaux cités par S. S. l'approbation sans réserve d'autres feuilles tout aussi libérales; et puisque le président du conseil s'est cru autorisé à le dire, je confirmerai ce qu'il a annoncé aux Cortès sur le jugement que des personnages éminents, très soucieux de notre honneur et de nos institutions, ont porté de ce mémoire. Tout dépend du point de vue où l'on se place; ainsi, dans mon opinion, on a perdu de vue le bien immense produit par cet écrit, et l'on a attaché une valeur qu'elles n'avaient pas à des expressions qui ont blessé des sentiments pour lesquels je professe d'ailleurs un profond respect.

La constitution de 1812 n'est plus qu'un grand fait historique, sur lequel les opinions peuvent se prononcer avec toute liberté; et, puisque la nation a voulu réformer ce code célèbre, c'est précisément parce qu'elle a reconnu qu'il n'était pas exempt de défauts. Le principe d'examen consenti, il me semble que chacun a pu définir ces défauts suivant ses idées particulières, sans offenser pour cela l'honneur national, et sans être mauvais Espagnol. Je suppose que, pendant la discussion de la réforme constitutionnelle, un membre des Cortès eût dit que tel article lui semblait oligarchique, tel autre anarchique ou bien aristocratique ; évidemment personne ne l'aurait accusé de manquer de respect à l'assemblée ; car, par la réforme, on ouvrait un champ libre à la discussion publique, on autorisait toutes les opinions. Toutes ont donc droit à la tolérance. On peut prétendre qu'il y a eu faute ou erreur, mais crime, jamais !

On a tellement parlé de ce mémoire, que j'ai bien acquis, moi aussi, le droit d'en dire quelque chose.

La pensée est mienne, et j'en accepte la responsabilité. Le problème que je me proposai de résoudre, fut de présenter la question sous son aspect véritable, à des personnages dominés par des préventions excessives ; et, le dirai-je, profondément ignorantes de certains faits contemporains très significatifs. Toute la difficulté consistait donc à rédiger ce mémoire, de manière à ce qu'il fût lu jusqu'au bout, et à convaincre les partisans systématiques de la légitimité monarchique, qu'ils défendaient la cause d'un prince rebelle à ce même principe. On peut facilement se rendre compte de la répugnance qu'éprouvaient ces personnages à se prêter à une discussion dont le résultat devait être de leur prouver, que la cause dont ils s'étaient montrés les plus ardents champions, était, en définitive, celle d'un despote effréné, parjure au dogme de la légitimité, base essentielle de leur foi politique. Aux yeux des puissances du Nord, tout Espagnol voué à la défense de la reine était constitutionnel, et tout constitutionnel, révolutionnaire. La position de M. Zéa, pour leur faire voir qu'elles se trompaient sur ce point, comme sur tant d'autres, était exceptionnelle; M. Zéa avait lutté contre Don Carlos avec autant d'énergie que pas un Espagnol; cependant, ses opinions politiques étaient loin de coïncider avec les institutions adoptées par la nation. Malgré les précédents invoqués par M. Arguelles, pour démontrer que les cours du Nord n'avaient rien à apprendre sur la question successorale, j'affirme, pour l'avoir vu, qu'il n'en était pas ainsi; soit effet des circonstances, des espérances déçues, ou de toute autre cause, ce que je puis dire de positif, c'est que nos explications produisirent un résultat incalculable, et que l'opinion des personnes les plus influentes changea complétement en notre faveur.

Les choses en étaient là, lorsque le digne ministre de l'Angleterre, lord William Russel, diplomate aussi habile que militaire distingué, défenseur de notre cause dans la guerre de l'indépendance, pensa que les démarches officieuses avaient été couronnées d'un succès assez positif, pour qu'elles fussent changées en négociations avouées, et que le moment était venu où il pouvait demander officiellement au cabinet Prussien la reconnaissance pure et simple de la reine Isabelle. Il fallait, pour faire faire ce pas immense à la question, l'autorisation du gouvernement anglais. Je fus chargé de la lui demander. Parti de Berlin le 9 mars, j'arrivai à Londres dans la nuit du 13 au 14. Dans la matinée même, lord Palmerston, avec sa bienveillance inépuisable pour tout ce qui peut contribuer au bien de l'Espagne, m'accorda tout ce que j'eus l'honneur de solliciter de son puissant appui. Je me félicite aujourd'hui de l'événement qui me permet de divulguer ces détails, afin que tous mes compatriotes partagent les sentiments de gratitude pour le noble ministre des affaires étrangères de S. M. Britannique. Le 15 au soir, 24 heures après mon arrivée, j'avais quitté Londres, emportant les instructions demandées par lord William Russel ; le 20, elles étaient entre ses mains.

J'invoque ici le témoignage de Son Excellence le général Alava, ministre de la reine d'Espagne à Londres. Mon premier soin fut de lui rendre compte de l'état de la négociation, en lui communiquant les documents officiels, et lui demander son agrément pour me présenter au cabinet Anglais. Qu'il dise s'il ne fut pas surpris de la promptitude et de l'importance des résultats que je fus assez heureux pour obtenir du ministre de S. M. Britannique. Son ancienne et bonne amitié ne me fera pas défaut; et je compte sur lui pour rendre justice au zèle infatigable que j'ai apporté dans cette circonstance délicate qui pouvait être décisive.

A Londres je trouvai le mémoire imprimé par ordre du gouvernement anglais, qui en répandait avec profusion des exemplaires partout où il croyait utile de faire pénétrer la conviction sur les droits de S. M., but unique de tous mes efforts.

La publicité acquise à la brochure par ce moyen, fut une occasion pour les universités d'Allemagne d'élever la voix en faveur de notre cause, et chacun sait que les avis de ces corporations ont force de loi. Le célèbre professeur Zöpfl, de l'université d'Heidelberg, fit paraître son savant travail sur la loi de succession en Espagne. Ce nouveau mémoire produisit une telle révolution dans les esprits, que la *Gazette d'Augsbourg*, rédigée dans les bureaux de la chancellerie de Vienne, ainsi que cela est connu de tout le monde, publia un article dans lequel on lit ces paroles : « Le professeur Zöpfl a répandu une telle lumière sur toute cette question, qu'il est impossible à « un Allemand de conserver le moindre doute sur la lé- « gitimité des droits de la reine Isabelle II. » Cette déclaration ne peut manquer d'être appréciée à sa juste valeur, si l'on considère de qui la *Gazette d'Augsbourg* reçoit ses inspirations lorsqu'elle traite de choses aussi graves.

Il me serait facile d'ajouter ici d'autres preuves tout aussi certaines de l'heureux effet produit par le mémoire. Je me contenterai de citer l'opinion du meilleur ami de l'Espagne, le très honorable lord Clarendon. Dans une de ses lettres, datée de Londres le 12 avril, il me disait: « Le mémoire sur la question successorale a réussi au- « delà de tous mes vœux ; plusieurs membres du corps « diplomatique m'ont avoué qu'il résout définitivement « la question, et qu'il n'y a rien à répliquer. »

Il faut donc pardonner à cet écrit, si fécond en résultats pour la cause de la Constitution, quelques mots interprétés rigoureusement par une excessive susceptibilité. Jamais il n'est venu dans l'idée d'attaquer les institutions : c'est ce que prouvent les deux passages de la correspondance déjà citée; et le langage tenu dans les rares circonstances où l'entretien est tombé sur nos institutions, a toujours été conséquent avec la profession de foi adressée par écrit au gouvernement. D'ailleurs, ce n'était pas l'objet de notre mission ; et nous n'avions rien à demander aux puissances étrangères touchant *notre régime intérieur*, ceci *étant une question purement espagnole.*

Avant de terminer ces explications, je tiendrai compte d'une insinuation faite par M. Evaristo Perez de Castro, lorsqu'il a demandé, dans une intention peu généreuse, à M. Calatrava, s'il savait quel était le véritable auteur de ce mémoire, faisant ainsi une allusion directe à ma personne, sans qu'il eût eu cependant le courage de me nommer. Si le ministre n'eût pas volontairement oublié en ce moment le contenu de la lettre que je lui ai adressée le 29 juin, il aurait dû se rappeler l'explication catégorique que je lui donnai au sujet des deux passages qui ont servi de texte d'accusation aux députés Calatrava et Arguelles; il eût ainsi évité la réplique fort juste et fort exacte du président des Cortès [1], ce qui, je le répète, eût été chose facile, car personne ne savait mieux que le ministre à quoi s'en tenir sur les expressions incriminées.

Je ne ferai plus qu'une seule observation. M. Calatrava a dit à la tribune *que le gouvernement espagnol a reçu de la cour de Vienne un affront que, comme Espagnol, il déplorera toute sa vie.* Il ne m'est pas permis d'entrer en explication à ce propos; tout ce que je puis faire, c'est d'assurer à S. S. et à tous les Espagnols, que le gouvernement n'a subi aucun affront; en premier lieu, parce qu'il n'en a été fait à personne. Notre court séjour à Vienne dépendit de causes impossibles à révéler. Ensuite, si j'ai clairement établi que la commission eut un caractère officiel entre le gouvernement espagnol et nous, ses agents, jamais, ainsi que l'a dit le ministre des affaires étrangères, on n'a avoué que cette mission avait été donnée. En admettant donc qu'il y ait eu manque d'égards, ce qui n'est pas, de simples particuliers en auraient souffert, et point le gouvernement, dont le nom n'a pas été prononcé. Le soin de son honneur avait été com-

[1] Je crois être sûr que l'auteur principal de ce mémoire est l'honorable personne citée par M. le ministre, mais je crois l'être aussi que les deux paragraphes que j'ai signalés ne sont pas de lui. (Discours de M. Calatrava, séance du 28 octobre.)

mis à des hommes trop prudents, et trop fiers de leur titre d'Espagnol, pour qu'il en fût autrement.

Si la France ne prit aucune part à ces négociations, cela tient à des circonstances dont la révélation n'offrirait aucune utilité; mais je saisirai avec empressement l'occasion qui s'offre à moi de rendre au ministre de cette puissance, à Berlin, M. le comte Bresson, la justice qu'il mérite. Cet homme d'état nous a manifesté les dispositions les plus encourageantes; et pendant tout le temps de notre séjour dans sa résidence, il nous a offert, avec le plus gracieux empressement, l'influence dont il pouvait disposer pour faciliter le succès de nos démarches. Pour ma part, j'ai tellement à me louer de l'accueil distingué qu'il a bien voulu me faire, que je me plais à consigner ici l'expression sincère de ma vive reconnaissance pour toutes les bontés dont il m'a honoré.

Enfin, si j'ai accepté cette mission, ce fut dans la persuasion que mon nom, malgré son obscurité, présenterait une garantie au parti libéral, et dans mon âme et conscience, je me suis cru digne de cette distinction. Je l'ai acceptée parce que j'ai cru y voir une immense utilité, mon opinion ayant toujours été qu'il fallait attaquer Don Carlos dans le nord de l'Europe. J'ai trouvé dans les Cortès une voix amie et respectée qui m'a défendu en des termes qui ne s'effaceront jamais de ma mémoire. M. Zéa Bermudez a été moins heureux. Il devait compter sur l'appui des ministres; ceux-ci ne se sont pas senti la force d'accomplir une obligation sacrée; le même reproche ne m'atteindra pas. Je vais donc remplir cette tâche, au risque de nouvelles invectives, que je pardonne d'avance à ceux qui m'en ont déjà prodigué avec une amère injustice, dans un journal de Madrid; mais quand le devoir parle, il faut savoir obéir, dût-il en coûter un instant de popularité.

M. Zéa, dans la retraite profonde où il vivait, était bien éloigné de s'attendre, à mon arrivée à Carlsruhe, qu'au milieu des passions qui agitaient l'Espagne, quelqu'un s'imaginât de recourir à ses services. L'idée de pouvoir une fois encore être utile à son pays, l'électrisa. Malgré son âge avancé, ses infirmités, l'état déplorable de sa santé, M. Zéa se mit en route par un froid de dix degrés, affrontant des fatigues supérieures à ses forces. Elles ne tardèrent pas à l'abandonner; à peine arrivé à Berlin, il tomba dangereusement malade.

Ici je divulguerai un trait de courage qu'apprécieront tous les hommes de bien, quelle que soit leur opinion, parce qu'il honore son auteur. M. Zéa se trouvait retenu au lit par une fièvre des plus violentes, lorsque S. M. le roi de Prusse lui fit l'honneur de l'inviter à dîner. Cette faveur du souverain était des plus significatives, car il devait connaître le motif de notre voyage et plusieurs conférences avaient eu lieu entre ses ministres et M. Zéa, dans lesquelles on avait agité la question de la reconnaissance de S. M. Isabelle II. La famille de M. Zéa, ses amis, moi-même le suppliâmes de ne pas exposer sa vie en se rendant à cette invitation ; les médecins qui l'entouraient déclarèrent que dans l'état où il se trouvait, il leur était impossible de répondre des conséquences d'une semblable infraction à leurs prescriptions. Rien ne put le faire désister de la ferme volonté qu'il avait déjà manifestée de se rendre chez S. M. P., se fondant sur ce que son absence serait faussement interprétée par les carlistes qui l'appelaient régicide, faisant ainsi, par une infâme calomnie, allusion à des ordres qu'on supposa avoir été donnés au général Rodil pendant la campagne de Portugal. La distinction flatteuse du roi de Prusse parut à M. Zéa une preuve que nos efforts pour faire reconnaître la reine étaient favorablement accueillis, et il résolut de tout braver, dût-il perdre la vie. Il se rendit en conséquence au palais; mais les pronostics des médecins furent sur le point de se réaliser. De retour, M. Zéa fut saisi d'une défaillance tellement prolongée, que nous crûmes tous qu'il allait expirer entre nos bras. Il revint enfin à l'existence, ayant douloureusement aggravé sa maladie, et se mit en route pour Vienne, à peine entré en convalescence.

Devant ce fait les passions doivent se taire. On peut servir son pays de plusieurs manières ; et l'incompatibilité de mes opinions avec celles de M. Zéa ne m'empêchera pas de proclamer ce que j'ai écrit dans le *Courrier Français* du 27 avril, lu à la séance des Cortès du 29 : « Adversaire politique de M. Zéa, je déclare que « si j'avais quelque chose à apprendre en ce qui concerne l'amour de la patrie et l'orgueil national, et « l'indépendance vis-à-vis des étrangers, je l'aurais appris de M. Zéa pendant le cours de notre mission en « Allemagne. »

Je ne connais pas un Espagnol, placé dans ma position et comme moi témoin des faits, qui ne s'empressât de lui rendre publiquement cette justice. Je n'irai pas plus loin, car je n'ai pas reçu mission, et je n'ai pas la prétention de me faire le défenseur officieux des idées politiques de M. Zéa. Je dis simplement la vérité, comme je la dirais devant la justice, si elle m'appelait à la déclarer. La divergence d'opinions n'équivaut pas à une sentence d'ostracisme, et jamais une opinion ne mérite l'anathème lancé par le comte de Las Navas, avec une intolérance digne des inquisiteurs du XVIe siècle.

Je me livre avec confiance à l'indulgence de mes amis, ainsi qu'à la générosité de mes adversaires. Celui qui verrait dans mon écrit autre chose qu'un hommage à l'opinion publique, tribunal suprême de tout homme libre, se tromperait étrangement. A la vérité, je ne devais pas supposer que j'aurais à me justifier de l'acte le plus désintéressé de ma vie, dans lequel mon abnégation personnelle a été complète. Je n'ai pas provoqué ces explications; je ne les ai pas redoutées non plus. Le ministère a manqué au premier devoir d'homme public; je me défends moi-même.

Des députés cédant à la voix de leur conscience, ont rempli le mandat dont la confiance nationale les a investis; je cherche, avec la loyauté d'un homme de bien, à expliquer les faits dont ils se sont occupés, et je le fais avec tout le respect dû au caractère auguste dont ils sont revêtus. Ma vie, ma position, ma réputation sont identifiées à la cause de la liberté, inséparable des institutions adoptées en 1837 par la nation, institutions que tous nous avons juré de défendre. En Espagne et chez l'étranger je m'honore de l'estime d'hommes illustres, marchant à la tête de la civilisation. C'est un patrimoine que je tiens à conserver en même temps que je puis l'offrir comme la meilleure garantie de mes opinions. J'ai fidèlement servi ma patrie les armes à la main; émigré, j'ai souvent voué ma plume à la défense de cette même Espagne, calomniée sans cesse par les ennemis de notre liberté; fonctionnaire public, j'ai protégé ses intérêts; enfin rendu à la vie privée, mes efforts ont contribué au développement de la prospérité de mon pays, et j'ai réussi à le faire de la manière la plus utile et la plus durable dans une de ses provinces.

Je n'ai plus qu'une seule ambition, celle d'occuper un siége aux Cortès et de contribuer, avec les représentants de la nation, à fonder un gouvernement fort, pénétré de ses devoirs, capable de développer dans un esprit progressif l'éducation publique, la moralisation des masses, l'industrie, le commerce et l'agriculture; un gouvernement sachant seconder les germes des richesses nationales, apte à rétablir le crédit, à examiner l'importance des obligations publiques et s'efforçant à les remplir religieusement; un gouvernement, enfin, qui, sur les ruines de trois siècles d'une administration déplorable, fasse surgir l'édifice de notre régénération politique et sociale. Pour tout cela les moyens surabondent, les hommes ne manqueront pas; ce qui nous manque, c'est l'énergie, c'est la force d'organiser, c'est de vouloir; et, cependant, nous ne parviendrons pas à consolider notre liberté, nos institutions, et à créer un état normal, sans ce gouvernement de moralité, d'action, marchant au milieu des partis avec calme et impartialité dans la voie providentielle du progrès. C'est par l'absence d'un semblable gouvernement que nous sommes arrivés à la triste situation présente, pour laquelle je ne saurais trouver un nom.

Manuel MARLIANI.

Paris, le 8 décembre 1839.

www.ingramcontent.com/pod-product-compliance
Lightning Source LLC
LaVergne TN
LVHW020249230826
846091LV00006B/2323
9782011753342